EXPLICATION
DU PANORAMA,

ET RELATION DE

LA BATAILLE DES PYRAMIDES,

EXTRAITE EN PARTIE

des dictées de l'Empereur à Sainte-Hélène,

ET DES PIÈCES OFFICIELLES,

PAR LE COLONEL CH. LANGLOIS,

OFFICIER DE LA LÉGION D'HONNEUR,
AUTEUR DES PANORAMAS DE NAVARIN, D'ALGER, DE LA MOSCOWA,
DE L'INCENDIE DE MOSCOU ET D'EYLAU.

SECONDE ÉDITION
REVUE ET AUGMENTÉE.

PARIS,

TYPOGRAPHIE DE FIRMIN DIDOT FRÈRES,
RUE JACOB, 56.

1854.

EXPLICATION DU PANORAMA,

ET RELATION DE

LA BATAILLE DES PYRAMIDES,

EXTRAITE EN PARTIE

des dictées de l'Empereur à Sainte-Hélène,

ET DES PIÈCES OFFICIELLES,

PAR LE COLONEL CH. LANGLOIS,

OFFICIER DE LA LÉGION D'HONNEUR,

AUTEUR DES PANORAMAS DE NAVARIN, D'ALGER, DE LA MOSCOWA,
DE L'INCENDIE DE MOSCOU ET D'EYLAU.

SECONDE ÉDITION

REVUE ET AUGMENTÉE.

PARIS,

TYPOGRAPHIE DE FIRMIN DIDOT FRÈRES,

RUE JACOB, 56.

1854.

INTRODUCTION.

Ceux qui ont vécu pendant la révolution se rappellent encore l'enthousiasme de la France et l'étonnement de l'Europe entière lorsqu'on apprit l'attaque et la prise de Malte, une des plus fortes places du monde, par une armée dont beaucoup ignoraient l'existence et dont les plus instruits connaissaient à peine le départ de Toulon; mais Napoléon commandait cette armée, et dix jours lui suffirent pour accomplir cette importante conquête, en organiser le gouvernement, assurer sa défense, régulariser le sort des vaincus, ravitailler la flotte et partir pour d'autres contrées. Lesquelles? Personne ne le savait; mais on connut bientôt que les Anglais avaient augmenté leur flotte dans la Méditerranée, et qu'ils étaient à la poursuite de la nôtre. Dès lors les bruits les plus sinistres commencèrent à circuler; les malheurs passés de nôtre marine faisaient redouter quelque nouvelle catastrophe : aussi l'admiration fut-elle sans bornes,

quand on connut le débarquement de l'armée au
Marabout, la prise d'assaut d'Alexandrie, où Kléber
et Menou furent blessés, à la tête de leurs grenadiers ; celle d'Aboukir, de Rosette ; la marche de
l'armée sur le Caire à travers le désert ; la chaleur
accablante, les privations et les souffrances de tout
genre qu'elle eut à supporter ; sa première rencontre avec les mameluks à Damanhour ; le combat
de Chobrays contre une partie de leur armée, où
notre flottille en péril, secondée par l'armée de terre
déjà victorieuse, obtint, elle aussi, un brillant
succès ; enfin, la bataille des Pyramides et la prise
du Caire, qui en fut la suite : éblouissant prélude
de la conquête de l'Égypte, désormais assurée ?

C'est cette bataille décisive qui fait le sujet du
nouveau panorama. Où en puiser l'explication, si
ce n'est dans le bulletin rédigé sur les lieux mêmes
du combat, et, pour quelques faits seulement,
dans les écrits qui retracent cette mémorable journée, mais surtout dans ces immortelles dictées de
l'Empereur à Sainte-Hélène (1), dont l'auteur a pu
reconnaître l'extrême exactitude jusque dans les
plus petits détails, pendant près d'un an qu'il a mis à
parcourir toutes les parties de l'Égypte, celles prin-
cipalement qui furent témoins de la gloire de nos

(1) *Guerre d'Orient, campagnes d'Égypte et de Syrie,* 1798-
1799. — *Mémoires pour servir à l'histoire de Napoléon,* dictés
par lui-même à Sainte-Hélène et publiés par le général Bertrand, à Paris, 1847. Les passages guillemetés sont extraits de
ces différents ouvrages.

armes et où le souvenir s'en transmet d'âge en âge.

On comprendra qu'il fallait citer textuellement ces documents historiques. Napoléon seul pouvait décrire de telles batailles, parce qu'il connaissait mieux que personne l'art de la guerre et combien est précieuse l'influence des grandes actions dans le développement de l'esprit public et de l'esprit militaire; de cet esprit inspiré par un sentiment profond d'amour de la patrie autant que d'admiration et d'enthousiasme pour toutes les gloires, quelle qu'en soit l'origine ou la date. Personne non plus ne connut et n'apprécia autant que Napoléon la puissance des grands souvenirs, pour inspirer à chacun, avec l'abnégation et le dévouement, le désir ardent de consacrer à son pays toute son intelligence, tout son courage, et de lui sacrifier même sa vie, pour conserver et perpétuer les nobles traditions de la gloire nationale. C'est qu'en effet elles sont la force et l'orgueil des grands empires, le feu sacré qui les élève et qu'ils doivent entretenir sans relâche pour ne pas déchoir dans l'opinion des peuples; car, lorsqu'il s'éteint, les nations s'amollissent, et leurs richesses, quelque grandes qu'elles soient, ne sont qu'un appât de plus chez les nations rivales pour en faire la conquête et en hâter la ruine.

Les grandeurs inouïes de l'Égypte, puis son esclavage et ses misères affreuses et continues, n'ont pas eu d'autres causes que la conservation ou l'oubli de ces principes éternels.

EXPLICATION DU TABLEAU

PLACÉ A L'ENTRÉE DU PANORAMA.

Le spectateur, avant de monter au Panorama, est introduit dans une chambre arabe. A travers une ouverture, il aperçoit l'intérieur d'une maison de fellahs. Un jeune homme, mortellement blessé, est venu s'y réfugier, et il expire dans les bras d'une sœur chérie. Son père, sa fiancée et différents personnages groupés autour de lui témoignent, par leurs gestes, du désespoir et de la terreur que leur fait ressentir ce terrible épisode de la bataille. Intérieur, costumes divers de la classe du peuple, tout est de la plus exacte vérité et a été étudié sur les lieux.

EXPLICATION DE LA BATAILLE

AU MOMENT REPRÉSENTÉ PAR LE PANORAMA.

On a donné le nom d'*Em-Babèh* à la réunion de quatre villages situés sur la rive gauche du Nil, vis-à-vis de Boulac et du Caire. C'est sur la terrasse d'une maison du plus méridional de ces villages, et dans le camp même des Turcs, qu'est placé le spectateur.

Le moment choisi est la seconde phase de la bataille. Il est six heures du soir ; le soleil est encore au-dessus de l'horizon, et son disque, voilé par la poussière et la fumée, éclaire de ses rayons brûlants cette plaine où la valeur de nos soldats met en déroute une armée de plus de soixante-dix mille hommes.

En faisant face au soleil, c'est-à-dire au couchant, le spectateur voit se dérouler à ses pieds une longue ligne ondulée, garnie de quarante pièces de canon, qui forme l'enceinte du camp retranché de l'ennemi ; à gauche, le camp s'appuie à un canal dont les digues, assez élevées, interceptent la communication entre Em-Babèh et Gisèh. Un mauvais pont sert à franchir ce canal, et forme un étroit défilé.

Les mameluks viennent d'être dispersés à Bechtyl, laissant la terre couverte de leurs morts ; nos carrés reprennent partout l'offensive. Le général en chef Bonaparte, accompagné de son état-major et de généraux, parmi lesquels figurent Murat et Berthier, est placé dans le carré de la division Dugua, d'où il dirige tout et appuie les colonnes d'attaque de la division Bon. Une colonne détachée de cette division, et conduite par le brave général Rampon, attaque les retranchements et s'en empare ainsi que des pièces qui les défendent. Le carré s'est formé ; les mameluks le pressent de tout côté, l'attaquent avec furie et viennent expirer en grand nombre sous les baïonnettes de nos soldats. Le désordre est au comble ; à gauche, il est augmenté par l'explosion d'un baril de poudre. Les mameluks veulent fuir dans la direction des Pyramides ; mais le général Marmont, avec un bataillon de la 4ᵉ demi-brigade légère, placé à gauche du carré du général Dugua et soutenu par ce dernier, s'étend le long du canal jusqu'au fleuve, reçoit l'ennemi à bout portant, en fait un grand carnage et le force à se précipiter dans le Nil. Mourad-Bey, de son côté, fournit encore plusieurs charges désespérées sur les carrés des généraux Desaix, Reynier et Dugua, dans l'espoir de rouvrir la communication avec son camp et de lui faciliter la retraite ; mais, repoussés de toutes parts, ses soldats fuient vers la haute Égypte dans la plus complète déroute.

A droite de la direction du soleil, dans le milieu de la plaine, se dessine le carré du général Bon, et plus loin, vers le nord, celui du général Vial. Les colonnes de ce dernier attaquent l'avant-garde des mameluks, l'entourent, la séparent du camp qu'elle appuyait et la poussent vers le Nil de l'autre côté des villages. Au même instant, les deux dernières colonnes du général Bon ont pénétré dans le camp, là où les tentes turques sont les plus nombreuses ; elles se sont emparées de l'artillerie, et ont tout culbuté devant elles. Les mameluks repoussés se renversent sur leur infanterie, et tous pêle-mêle, au milieu des tentes, des chameaux et des bagages, dominés par la terreur, se dirigent vers leurs barques et se précipitent dans le fleuve.

Comme on le voit, sur toute la ligne, dans une étendue d'une lieue, le combat est engagé, et sur quelques points avec un acharnement extrême. Mais sur plusieurs autres les blessés et les fuyards entassés commencent la catastrophe que les divisions Bon et Vial devaient terminer en les forçant à se jeter dans le Nil. Cinq mille mameluks, trois mille janissaires, Arabes, milices du Caire, etc., y sont engloutis. Deux mille hommes, presque tous mameluks, tués ou blessés, restent en outre sur le champ de bataille.

Si le spectateur se retourne vers l'est, il voit à l'horizon la montagne de Mokatam, au pied de laquelle se dessine le Caire avec ses innombrables

minarets. La ville est déserte ; toute sa population,
les vieillards, les femmes, les enfants sont accourus sur les quais et les terrasses, et les couvrent,
ainsi que l'île de Boulac. Pleins d'anxiété, ils veulent assister au dénoûment d'un drame d'où dé-
pend la vie de leurs pères, de leurs époux, de
leurs fils et leur propre destinée. La fumée des
derniers coups de canon du camp d'Ibrahim se
dessine sur la montagne arabique. La flotte égyp-
tienne, composée d'une frégate, d'une grande
quantité de bricks, djermes, dabiehs, caïques et
autres bateaux, et chargée de tous les trésors, de
toutes les richesses de l'Égypte, couvre la surface
du Nil. En voyant la bataille perdue, Mourad-Bey,
pour que ces richesses ne tombent pas dans nos
mains, a donné le signal de l'incendie : une partie
de la flotte est embrasée, et ce n'est qu'avec la plus
grande peine que les marins et les fuyards qui
remplissent les barques échappent aux flammes et
aux dangers de toutes sortes qui les menacent. Le
reste fut incendié à la fin de la bataille, et, pendant
la nuit, une lueur sinistre éclaira les rives du Nil,
le Caire, et s'étendit jusqu'aux pyramides de Gisèh.

Entre deux maisons, aux pieds du spectateur,
des Turcs se jettent à la nage ; d'autres se sont em-
parés de deux barques pour gagner le bord opposé ;
mais, trop chargées, elles coulent à fond, et entraî-
nent tous les hommes qu'elles contiennent. Au sud,
en remontant le Nil, on aperçoit, vers la rive

droite et dans la direction de deux djermes, l'île
de Roudah, derrière laquelle se cache le vieux
Caire, et tout au fond, sur la rive gauche, à huit
lieues de distance, et comme une vapeur légère,
les pyramides de Saqqârah et de Dachour.

C'est entre ces pyramides et celles de Gisèh
qu'un Français, M. Mariette, a récemment découvert les ruines de Memphis. En remontant le Nil,
et à cent cinquante lieues du Caire, on trouve
Thèbes, centre des plus magnifiques antiquités et
berceau de la plus ancienne civilisation.

Les beaux palmiers chargés de leurs fruits, ri-
chesse des villages qui les possèdent, les figuiers,
les bananiers, les maisons des fellahs qui entourent le spectateur, la terrasse de l'une d'elles qui
s'écroule sous le poids des combattants, le tombeau
d'un marabout vénéré, le soleil qui inonde le pay-
sage, caractérisent un pays qui fut longtemps le
grenier d'abondance de l'Europe et de l'Asie, et
complètent ce tableau, destiné avant tout à ra-
viver et à consacrer les souvenirs de gloire de l'armée française et du héros qui la commandait.

Plus loin on trouvera, dans la relation de la bataille des Pyramides, des détails plus complets sur
les différentes phases de cette grande journée ;
mais avant, nous appellerons l'attention du spectateur sur quelques monuments de l'antiquité, sur
des souvenirs de l'histoire et sur d'autres non
moins précieux de nos croyances religieuses.

Nous ferons d'abord remarquer les Pyramides de Gisèh, longtemps citées comme une des sept merveilles enfantées par le génie de l'homme. Comme celles de Saqqârah, elles sont les plus anciens monuments du monde connu. Élevées pour servir de tombeau à Souphis Ier, Souphis II et Menkerès, rois de la 4_e dynastie (1), « leur cons- « truction serait antérieure de vingt siècles à tout « ce que les autres peuples nous ont légué de plus « antique. » Contre ces masses gigantesques sont venus se briser l'action des siècles et les efforts réitérés des hommes. Tout ce qu'ils ont pu faire a été de détruire le revêtement en marbre qui recouvrait les deux principales Pyramides et six ou sept mètres de la partie supérieure de la plus grande. Avant ces mutilations, cette dernière avait à sa base deux cent trente-deux mètres soixante-quatorze centimètres (sept cent seize pieds) sur chaque face et cent quarante-six mètres (quatre cent cinquante pieds) de hauteur. La surface de sa base dépassait cinquante-trois mille mètres carrés, et le volume de la Pyramide excédait deux millions six cent mille mètres cubes.

(2) « L'orientation en est parfaite, et, comme les « deux autres Pyramides, elle offre ce résultat « inattendu que le talent déployé dans la taille

(1) M. Emmanuel de Rougé, de l'Institut, conservateur du musée égyptien. — M. Lesueur, de l'Institut, chronologie des rois d'Égypte.

(2) M. Emmanuel de Rougé, conservateur du musée égyptien.

« et l'appareillage des blocs dépasse toute la perfec-
« tion imaginable. » De nos jours cinq cents millions ne suffiraient pas pour construire un tel
monument; et cependant cette montagne de pierres
taillées avec tant de soin n'a pu mettre à l'abri de
la profanation, des outrages et de la plus entière
destruction, les momies qu'elle devait protéger
contre une avide curiosité, contre les tempêtes
du désert et les révolutions humaines, plus terribles encore.

Les Pyramides de Saqqârah au sud, que l'on
aperçoit comme une faible vapeur à l'horizon, et
celles de Gisèh au nord, indiquent la position des
Nécropoles de Memphis, qui était placée entre elles.
C'était une des plus grandes et des plus magnifiques capitales du monde! Afin d'augmenter sa défense, ses rois avaient forcé le Nil à changer son
cours; rien ne surpassait ses temples, rien n'égalait
son labyrinthe et ses autres palais, et c'est par
l'étendue seulement qu'elle le cédait à Thèbes aux
cent portes, et qu'elle devait être surpassée plus
tard par Alexandrie, sous les Ptolémées et sous la
domination romaine.

En face de cette ville, sur l'autre rive, entre le
Nil et le Mokatam, un peu plus loin que l'île de
Roudah, est un vaste terrain bouleversé, appelé
Qasr-el-chamá (château de la lumière). Là des amas
de décombres et des murailles renversées indi-
quent l'emplacement de Babylone, que les Per-

ses, conduits par Cambyse, élevèrent en souvenir de leur patrie. Elle devait assurer leurs communications avec la Perse et leur servir d'asile contre les soulèvements inévitables d'une nation dont ils avaient longtemps éprouvé la toute-puissance. Après 120 années d'une domination d'autant plus intolérable qu'elle avait été tout à la fois politique et religieuse, les Égyptiens, retrempés par le malheur, s'affranchirent enfin de cet odieux asservissement ; mais, dans l'espace de soixante années de paix, ils s'amollirent de nouveau dans les jouissances qu'elle procure ; ils dédaignèrent les leçons de l'expérience, les vertus qui sauvent les nations ou les protégent, et, au moment où ils se réjouissaient de leurs richesses, les Perses vinrent encore les leur ravir, et appesantir sur eux le joug d'une nouvelle conquête.

Quelques années après, Alexandre le Grand vainquit les Perses, et, à l'imitation de quelques Pharaons célèbres, il se fit reconnaître comme fils aimé d'Ammon, et s'assura ainsi, mieux que par des batailles, la possession de l'Égypte, qui le regardait déjà comme son libérateur. Puis, après la domination des Ptolémées, vient celle de Rome et de ses proconsuls, et Babylone, la ville de la conquête, vit encore augmenter ses fortifications.

Ainsi les Égyptiens dégénérés passaient de main en main à des maîtres étrangers. Accoutumés au joug par l'amour des richesses et du luxe et par leur dépravation, ils oublièrent leur patrie et ses gloires passées; ils devinrent le but et le prix d'ambitions sordides et de guerres spoliatrices. Leurs misères et leurs vices s'en accrurent, et la religion chrétienne, qui avait pu renverser leurs idoles, fut même impuissante à ramener la justice et la vertu au milieu de ce chaos de tous les vices, de toutes les impuretés et de tous les crimes qui dominaient cette malheureuse contrée depuis tant de siècles.

A la surface elle paraissait encore riche et puissante cette Égypte; sa population était celle d'un grand peuple, quand Amrou et des hordes d'Arabes, quelques années avant inconnues ou dédaignées, vinrent, au nom de Mahomet, lui imposer de nouveaux maîtres. Alexandrie et Babylone furent les principaux obstacles qu'ils eurent à vaincre. Grecs et Romains s'y défendirent avec énergie; mais quand ces villes furent soumises, cette immense population de l'Égypte, depuis longtemps sceptique, égoïste et sans courage, se prosterna aux pieds des vainqueurs et, pour sauver ses richesses, en accepta les lois et la religion. Avec elles, à certaines époques, elle y puisa quelques germes de civilisation; mais plus souvent elle eut à supporter les exigences de maîtres impitoyables.

Des constructions furent élevées sur l'emplacement du camp formé pendant le siége; elles reçurent le nom de Fostât (de la tente d'Amrou).

C'est aujourd'hui le vieux Caire, et Babylone agran-
die devint la demeure des premiers princes musulmans, le lieu de passage de toutes les richesses
de l'Égypte et aussi des dépouilles de Memphis.
Les colonnes innombrables de ses temples et de
ses plus somptueux édifices servirent à élever des
mosquées et à construire des palais aux vainqueurs.
Plus de quarante mille colonnes reçurent cette des-
tination; et quand cette œuvre de destruction fut
terminée, quand les palais de Memphis furent sans
maîtres, les temples sans pontifes et sans fidèles,
que les rues, sans habitants, furent remplies par les
tourbillons de sable du Kamsin, et que cette grande
capitale ne fut plus qu'un objet de désolation et de
mort, Babylone n'eut plus de raison d'être; elle
disparut à son tour, et le Caire s'éleva resplendis-
sant au milieu des ruines et des sables du désert.

Aujourd'hui, sur ces lieux si célèbres par tant
de vicissitudes et de catastrophes, il existe une ché-
tive bourgade de chrétiens et quelques couvents
coptes ou grecs, dans lesquels se conservent des
traditions religieuses; c'est dans l'un d'eux, sous
l'invocation de saint Georges de *Babyloun*, que des
prêtres vous font voir la grotte, transformée en
chapelle souterraine, où la Vierge se retira avec
l'enfant Jésus lorsqu'ils vinrent en Égypte chercher un asile contre les persécutions d'Hérode.
Plus loin, au coude du Nil, un autre couvent a
été élevé sur le lieu même où la tradition consacre

que la fille de Rhamsès, la princesse Thermutis, reçut des mains de ses suivantes le berceau où Moïse avait été déposé, berceau qu'elles avaient découvert au milieu des roseaux du Nil.

En revenant au Caire de ces lieux de pèlerinage, on voit sur un contre-fort du Mokatam se dessiner les contours de la citadelle construite par le sultan Saladin (Salah ed-Dyn). Ce château, placé sur un rocher escarpé et environné de murs épais, est flanqué par de grosses tours; il a près d'une demi-lieue de circonférence, et l'on y monte par deux chemins taillés dans le roc dont la pente est rapide; c'est dans un étroit défilé, entre deux portes de cette citadelle, que, sous le gouvernement de Méhémet-Ali, a eu lieu le massacre des derniers mameluks. Indépendamment de plusieurs mosquées fort anciennes et des palais du gouvernement, cette citadelle renferme le puits de Joseph, de deux cent soixante-douze pieds de profondeur, au bas duquel on peut descendre à cheval par une pente assez douce; c'est encore une des œuvres de Saladin, qui se nommait Iousouff (Joseph) et qui a laissé tant de souvenirs et de traces de son gouvernement en Égypte.

Il ne reste plus que quelques colonnes en granit de la superbe mosquée qui portait son nom, et auprès de ces ruines délaissées on termine en ce moment un immense et somptueux tombeau à la mémoire de Méhémet-Ali.

Si l'on quitte le Caire pour aller voir les ruines d'Héliopolis, célèbre dans la plus haute antiquité par sa grandeur, la beauté de ses temples, la science de ses colléges, et de nos jours illustrée par la gloire de l'armée française et du général Kléber, on rencontre près de Matarièh un immense syco-more qu'on appelle l'arbre de la Vierge; il est l'ob-jet d'un culte profond de la part des chrétiens, parce que la sainte famille s'y reposa dans sa fuite en Égypte, et les musulmans le révèrent également, parce qu'à leurs yeux Jésus est un grand prophète de Dieu.

A Matarièh, il existe une fontaine qui est égale-ment l'objet d'un culte religieux, parce qu'à la même époque la Vierge y baigna l'enfant Jésus. Ainsi, sur les bords merveilleux du Nil se trouvent partout les traces des religions qui ont dominé et qui dominent encore la plus grande partie des peuples de la terre. Les plus grands mouvements imprimés à l'espèce humaine sont partis de ces lieux ou sont venus s'y perdre, et cette terre a re-tenti du bruit des armées des plus grands hommes du monde, de Sésostris, d'Alexandre, de César et de Napoléon, de Napoléon dont ils ont conservé un si grand souvenir, sous le nom de sultan *Kébir*, et qui, en les délivrant du joug oppresseur des ma-meluks, inaugurait les germes d'une nouvelle ci-vilisation par les noms magiques des Pyramides et du mont Thabor.

Nota. L'ode qui suit sur la conquête de l'Égypte, traduite par M. Marcel, un des membres de la commission, se rattache tellement au sujet, que l'on croit devoir la reproduire ici. Elle donnera une idée de l'exaltation que la gloire de Napoléon avait inspirée aux Arabes, et de quelle manière avantageuse pour l'avenir du pays ils envisageaient les conséquences et les résultats de nos victoires.

ODE ARABE

SUR

LA CONQUÊTE DE L'ÉGYPTE,

TRADUITE PAR M. MARCEL.

« Enfin nous voyons luire sur nous l'aurore du bonheur; les temps fixés par Dieu sont arrivés; une atmosphère de félicité nous environne; l'astre brillant de la victoire qui dirige les guerriers français a répandu sur nous son éclatante lumière; la renommée et la célébrité les précèdent, la fortune et l'honneur les accompagnent.

« Le chef qui marche à leur tête est impétueux et terrible; son nom épouvante les rois; les rois fléchissent leur tête altière devant l'invincible Bonaparte, devant le lion des combats ; son courage maîtrise les destinées irrévocables, et les cieux de la gloire s'abaissent devant lui.

« Tout doit céder à sa puissance ! malheur à quiconque lève contre lui l'étendard de la guerre ! Se déclarer son ennemi, c'est se dévouer à une perte inévitable : il force à s'humilier devant lui les puissants qui osent lui résister, et sa générosité envers les peuples soumis est un vaste océan qui n'a ni fond ni bornes.

« Phénix de son siècle, partout il a répandu la terreur par son activité surnaturelle et la rapidité plus qu'étonnante de ses conquêtes. Vainqueur des rois ligués ensemble, de nouvelles destinées l'occupent ; il médite de nouveaux triomphes. Aussitôt, à ses ordres, des phalanges infatigables se pressent sous ses étendards ; à ses ordres les mers étonnées se couvrent de nombreux vaisseaux.

« Alexandrie, malgré tous les obstacles qui la défendent, ne peut soutenir son attaque ; le Mohharrem (1) l'y voit entrer victorieux. Mohharrem ! mois heureux ! à l'honneur d'ouvrir l'année tu réunis maintenant celui d'avoir ouvert aux héros français la carrière de leurs triomphes. Bientôt le Caire voit l'armée, fière de ses nouveaux trophées, inonder ses plaines, et se précipiter autour de ses remparts.

(1) Ce mois est le premier de l'année de l'hégyre.

« Chaque jeune guerrier brûle d'impatience de pouvoir signaler sa valeur. Bonaparte range ses phalanges belliqueuses en général habile, et les dispose pour l'attaque : il déploie toutes les connaissances qu'une longue expérience et l'étude lui ont acquises dans l'art des combats.... Tout à coup, à ses ordres, ses bataillons s'ébranlent, s'élancent avec impétuosité, et d'une course rapide fondent sur les mameluks présomptueux.

« Alors le combat s'embrase comme une fournaise ardente ; le fracas des armes sème au loin l'épouvante, et glace les cœurs d'effroi : l'enfant lui-même, qui, dans les guerres ordinaires, ignore la crainte commune et ne pense qu'aux jeux de son âge, sent sur son front ses cheveux se dresser et blanchir de terreur. Bientôt les beys tremblent et se troublent ; ils boivent à longs traits la coupe de l'amertume, et leur âme consternée s'abandonne au désespoir en voyant une journée qui leur est si désastreuse.

« Journée à jamais mémorable ! ô Dieu ! préserve-nous d'être de nouveau témoins d'un combat aussi terrible !.... A moitié taillée en pièces, cette multitude innombrable, armée par les beys pour leur défense, se disperse épouvantée dans les déserts : la mort les y poursuit, la mort plane au-dessus de leurs têtes, comme si le ciel, irrité de leurs crimes, eût fait pleuvoir sur eux les flammes vengeresses de sa colère.

« Dans ce désastre général, chaque chef, chaque soldat n'a plus qu'un seul désir, la fuite et la retraite loin d'une terre que leur tyrannie leur a rendue inhospitalière ; une sombre horreur s'appesantit sur leurs âmes abattues, et le malheur s'attache partout inséparablement à leurs pas. Bonaparte triomphe, et la défaite des mameluks a décidé leur sort pour toujours.

« Leur puissance est anéantie, et il ne reste plus à leurs princes dispersés d'autre carrière à parcourir que celle de l'humiliation, de la misère et du déshonneur. Le Caire ouvre ses portes, et reçoit dans son sein son vainqueur. Les volontés de Dieu sont accomplies, et le second mois de l'année, Ssafar (1), est la glorieuse époque du complément heureux des triomphes dont l'année a vu commencer le cours. »

(1) Ssafar est le second mois de l'année musulmane. Cette année, il répondait à une partie de messidor et de thermidor. (Pièces d'Égypte, II⁰ partie.)

BATAILLE DES PYRAMIDES.

Après s'être emparée d'Alexandrie, le 1ᵉʳ juillet
1798, « l'armée en partit, le 7, et arriva, le 19, à Omm-
Dinar, vis-à-vis de la pointe du Delta, à cinq lieues
du Caire. Elle aperçut pour la première fois les
Pyramides ; elles étaient à huit lieues de là. Toutes
les lunettes furent braquées sur ces plus grands et
ces plus anciens monuments qui soient sortis de
la main des hommes. Les trois Pyramides bordaient
l'horizon du désert, elles paraissaient comme trois
énormes rochers ; mais, en les regardant avec attention, la régularité des arêtes décelait la main
des hommes. On apercevait aussi la mosquée du
Mokatam. Au pied était le Caire. L'armée séjourna,
le 20, et reçut l'ordre de se préparer à la bataille.
L'ennemi avait pris position sur la rive gauche du
Nil, vis-à-vis du Caire, entre Em-Babèh et les Pyramides. Il était nombreux en infanterie, en artillerie et en cavalerie. Une flottille considérable,
parmi laquelle il y avait même une frégate, pro-
tégeait son camp. La flottille française était restée
en arrière : elle était d'ailleurs fort inférieure en
nombre. Le Nil étant très-bas, il fallut renoncer
aux secours de toute espèce qu'elle portait et aux
services qu'elle pouvait rendre. Les mameluks, les
agas, les marins, fiers de leur nombre et de la belle

position qu'ils occupaient, encouragés par les regards de leurs pères, de leurs mères, de leurs femmes, de leurs enfants, étaient pleins d'ardeur et de confiance. Ils disaient « qu'aux pieds de ces Pyramides, bâties par leurs ancêtres, les Français trouveraient leurs tombeaux et finiraient leurs destins !!! »

« Le 21, à deux heures du matin, l'armée se mit en marche. Au jour elle rencontra, à Geziret-el-Mohamed, une avant-garde de mameluks qui disparut après avoir essuyé quelques coups de canon. A huit heures, les soldats poussaient mille cris de joie à la vue des quatre cents minarets du Caire. Il leur fut dès lors prouvé qu'il existait une grande ville qui ne pouvait être comparée à ce qu'ils avaient vu depuis qu'ils étaient débarqués. A neuf heures, ils découvrirent la ligne de bataille de l'armée ennemie. La droite, composée de vingt mille janissaires, spahis et milices du Caire, était dans un camp retranché en avant d'Em-Babèh, sur la rive gauche du Nil, vis-à-vis de Boulac; ce camp retranché était armé de quarante pièces de canon.

« Le centre et la gauche étaient formés par un corps de cavalerie de douze mille mameluks, agas, scheyks et autres notabilités de l'Égypte, tous à cheval et ayant chacun trois ou quatre saïs (1) à

(1) Saïs : palefreniers, hommes de choix, d'une agilité et d'une vitesse merveilleuses. Ils accompagnaient leurs maîtres au milieu des combats, portant quelques-unes de leurs armes, comme le fusil, la lance, etc.

pied pour le servir, ce qui formait une ligne de
cinquante mille hommes. » Vingt beys les comman-
daient et obéissaient à Mourad-Bey, le plus intré-
pide et le plus redouté d'entre eux. « L'extrême
gauche était formée par huit mille Arabes bédouins
à cheval, et s'appuyait aux Pyramides. Cette ligne
avait une étendue de trois lieues. Le Nil, d'Em-
Babèh à Boulac et au vieux Caire, était à peine
suffisant pour contenir la flottille, dont les mâts
apparaissaient comme une forêt. Elle était de trois
cents voiles, parmi lesquelles soixante bâtiments
étaient armés. » Sur la rive droite, à Guez, était le
camp d'Ibrahim-Bey, rival influent et quelquefois
heureux de Mourad-Bey. A cette époque ils se par-
tageaient la puissance, et Ibrahim s'était chargé
d'observer la rive droite du Nil, de combattre tout
ce qui arriverait de ce côté, et de contenir le Caire.
Sa maison était de douze cents mameluks et de
trois à quatre mille saïs. Entre son camp et la ville
se pressait toute la population du Caire, hommes,
femmes et enfants, qui étaient accourus «pour voir
cette bataille d'où allait dépendre leur sort. Ils y
attachaient d'autant plus d'importance que, vaincus, ils deviendraient esclaves des infidèles.

« Les cinq divisions de l'armée française prirent
le même ordre de bataille dont elles s'étaient si bien
trouvées à Chobrays, mais parallèlement au Nil,
parce que l'ennemi en était maître. La division
Desaix formait la droite, appuyée à Bechetyl, hors

la portée du canon du camp retranché. La division Reynier la suivait. Au centre était le général en chef avec la division Dugua et la réserve. Les divisions Bon et Menou formaient la gauche; cette dernière, commandée par le général Vial, appuyait au Nil, près de Geziret-el-Mohamed.

« Chaque division formait un seul carré sur six hommes de hauteur, d'environ cent cinquante mètres de front et vingt-cinq de flanc. Elles se protégeaient entre elles à demi-portée de canon. » Dans chacune d'elles était un peloton de cinquante cavaliers montés avec les mauvais chevaux qu'on avait amenés de France; le reste, au nombre de trois mille hommes à pied, était à bord de la flottille. Six et jusqu'à huit pièces de canon étaient attachées à chacune des divisions; elles étaient placées aux angles et entre les brigades. La force totale de l'armée, sur le champ de bataille, était de dix-huit mille hommes de toutes armes, dont seize mille en infanterie. La chaleur était accablante, la marche lente et difficile; on mit près de trois heures pour terminer cet ordre de bataille : la plus grande prudence, la plus grande circonspection avaient présidé à ces dispositions.

« Les officiers d'état-major reconnurent le camp retranché. Il consistait en de simples retranchements et en longs boyaux qui pouvaient être de quelque effet contre la cavalerie, mais étaient nuls contre l'infanterie. Le travail était mal tracé, à peine ébauché ; il avait été commencé depuis trois jours seulement. L'artillerie était composée de grosses pièces, la plupart en fer, sur affûts marins ; elle était fixe, et ne pouvait pas se mouvoir. L'infanterie paraissait mal en ordre et incapable de se battre en plaine. Le projet de l'ennemi était de combattre derrière ses retranchements; on ignorait quelle serait sa contenance, mais on connaissait et on redoutait beaucoup l'habileté et l'impétueuse bravoure des mameluks; aussi les dispositions de Napoléon furent-elles spécialement dirigées contre eux. »

Telle était la position des armées. Depuis quelques instants elles s'observaient en silence : celle des mameluks, déjà si nombreuse, semblait s'accroître encore. On voyait accourir et galoper de toutes parts, sur les flancs et les derrières de nos colonnes, ces nuées d'Arabes qui n'avaient cessé de harceler l'armée française, depuis son débarquement, égorgeant impitoyablement tout ce qui s'écartait de ses rangs. Ainsi avaient été massacrés le général Muireur et plusieurs aides de camp et officiers d'état-major. Le jour semblait venu pour ces Arabes d'assouvir leur haine des infidèles et de s'emparer de leurs dépouilles.

Selon les témoins et les acteurs de cette grande journée, les combattants surgissaient de toutes parts de cette terre embrasée; elle en était couverte. Le soleil, qui dardait ses rayons sur les riches costumes des mameluks, sur leurs armes étincelantes, sur leurs casques, leurs cottes de mailles, sur leurs chevaux couverts des plus riches ornements, faisait briller de tout son éclat cette brave et indomptable milice que l'on apercevait partout, dirigeant tout. Et au milieu de cette plaine diaprée des plus brillantes couleurs marchaient lentement nos carrés aux teintes sombres, aux armes de fer sans ornements : couverts de poussière, ils présentaient l'aspect de la pauvreté au milieu de l'opulence ; mais bientôt ils allaient se transformer en murailles de feu, d'où sortirait la foudre, et quelques instants leur suffiraient pour qu'un peuple jadis glorieux et puissant entre tous, un peuple qui créa Thèbes et Memphis, mais qui, depuis, avili, déchu, avait perdu avec son indépendance toute nationalité, tous souvenirs, pour que l'É-gypte enfin changeât de maîtres étrangers une fois de plus. L'heure suprême allait sonner, mais cette fois du moins c'était au profit de la civilisation et de l'humanité.

La division Desaix reçut l'ordre de se diriger sur le centre de la ligne des mameluks, afin de couper cette ligne sans être exposée au feu du camp retranché ; Reynier, Dugua, Bon, Vial la suivirent à distance.

Un village, Myt-Oqbeh, se trouvait vis-à-vis du point de la ligne ennemie qu'on voulait percer ; c'était le point de direction. « Il y avait une demi-heure que l'armée s'avançait dans cet ordre et dans le plus grand silence lorsque Mourad-Bey, qui commandait en chef, devina l'intention du général français, quoiqu'il n'eût aucune expérience des manœuvres des batailles. La nature l'avait doué d'un grand caractère, d'un brillant courage et d'un coup d'œil pénétrant. Il saisit la bataille avec une habileté qui aurait honoré le général le plus consommé. Il sentit qu'il était perdu s'il laissait l'armée française achever son mouvement, et qu'avec sa nombreuse cavalerie il devait attaquer l'infanterie pendant qu'elle était en marche. Il partit comme l'éclair avec sept à huit mille chevaux, passa entre la division Desaix et celle de Reynier, et les enveloppa. Ce mouvement se fit avec une telle rapidité qu'on craignit un moment que le général Desaix n'eût pas le temps de se mettre en position. Son artillerie était embarrassée au passage du bois de palmiers de Bechtyl; mais les premiers mameluks qui arrivèrent sur lui étaient peu nombreux. Une décharge en jeta la moitié par terre. C'étaient deux à trois cents kachefs et mameluks conduits par Sélim-Bey (Abou-Diap), l'un des plus beaux et des plus intrépides chefs de cette redoutable milice. Au milieu de cette décharge meurtrière, trente à quarante d'entre eux, arrivés sur nos soldats et ne pouvant les culbuter, retournèrent leurs chevaux avec fureur, les firent se cabrer, et se renversèrent avec eux sur nos baïonnettes. Percés de coups, ils expirèrent; mais ils avaient ouvert une brèche par où pénétrèrent une trentaine de mameluks, qui tous périrent dans le carré. »

Si la masse ennemie était arrivée dans cet instant, c'en était peut-être fait de la division française ; mais quelques minutes d'intervalle suffirent au général Desaix pour bien former son carré, et lorsqu'elle arriva elle fut mise en désordre par la mitraille et la fusillade engagées sur les quatre côtés avec une extrême violence. Se précipitant alors sur la division Reynier, qui avait pris position et commencé le feu sur les quatre faces de son carré, elle se trouva exposée aux feux croisés de ces deux divisions. Pendant ce temps, la division Dugua, où était le général en chef, avait changé de direction, s'était portée entre le Nil et le général Desaix, coupant par cette manœuvre l'ennemi du camp d'Em-Babèh et lui barrant le fleuve ; elle se trouva bientôt à portée de commencer la canonnade sur la queue des mameluks.

« Alors leur désordre devint effroyable : quarante à cinquante hommes des plus braves, beys, kachefs, mameluks, moururent dans les carrés ; le champ de bataille fut couvert de leurs morts et de leurs blessés. Ils s'obstinèrent pendant une demi-heure à caracoler à portée de mitraille, passant d'un intervalle à l'autre au milieu de la poussière, des chevaux, de la fumée, de la mitraille, de la fusillade, des cris des mourants ; mais enfin, ne gagnant rien, ils s'éloignèrent et se mirent hors de portée. Mourad-Bey, avec trois mille chevaux, opéra sa retraite sur Gisèh, route de la haute Égypte, » et fut ainsi séparé, vers le milieu de la bataille, des principales forces de son armée; le reste, se trouvant sur les derrières des carrés, appuya sur le camp retranché au moment où la division Bon marchait pour l'aborder, et la division Vial pour couper la retraite à ceux qui l'occupaient.

« Aussitôt que ces généraux furent à portée, ils ordonnèrent aux première et troisième divisions de se former en colonnes d'attaque, tandis que les deuxième et quatrième divisions, conservant leurs mêmes positions, formaient toujours le carré, qui ne se trouvait plus que sur trois de hauteur, et s'avançait pour soutenir les colonnes d'attaque. »

Le camp retranché s'appuyait à un canal dont les digues assez élevées interceptaient la communication entre Em-Babèh et Gisèh. Un mauvais pont servait à le franchir, et formait un étroit défilé dont il importait de s'emparer. Le général Marmont, avec un bataillon et demi de la 4e demi-brigade légère, s'y porta au pas de course. En même temps le brave général Rampon, avec les compagnies d'élite de la division Bon, se jetait sur les retranchements avec son impétuosité ordinaire, malgré le feu d'une assez grande quantité d'artillerie.

« De nombreux mameluks sortirent à sa rencontre, et le cernèrent de toutes parts, tandis qu'à l'intérieur d'autres s'élançaient pour exterminer ceux de nos soldats qui avaient déjà franchi les retranchements. Cette colonne eut le temps de faire halte, de faire front de tous côtés, de les recevoir la baïonnette au bout du fusil et par une grêle de balles. A l'instant même le champ de bataille fut jonché de leurs morts et de leurs blessés. » Soutenus par de nouveaux combattants, ils renouvelèrent leur attaque avec fureur; les uns se renversaient avec leurs chevaux sur nos grenadiers, d'autres ébréchaient les canons de nos fusils et nos baïonnettes avec leurs sabres ; les blessés eux-mêmes se traînaient expirants pour couper les jambes de nos soldats, tandis que quelques-uns, dont les vêtements s'étaient embrasés sous le feu de nos armes, mouraient dans des flammes que personne ne songeait à éteindre. « Dans le même instant, des mameluks en fuite se précipitèrent en foule sur la gauche pour s'ouvrir un passage ; mais le bataillon du 4ᵉ léger, appuyé par la division Dugua, les reçut par un feu à bout portant qui en fit une effroyable boucherie, et les obligea, après une longue hésitation, à se jeter dans le Nil. »

La plus horrible confusion régnait dans tout le camp d'Em-Babèh. Pendant que des mameluks en sortaient à la rencontre de nos colonnes d'attaque , d'autres y rentraient poursuivis par elles et se jetaient sur leur infanterie, qui, perdant toute confiance et voyant les mameluks battus, se précipita sur les djermes, caïques et autres bateaux pour repasser le Nil. Beaucoup le firent à la nage ; le plus grand nombre descendit le fleuve le long de la rive gauche, ou passa entre les carrés sous une grêle de balles, et se sauva dans la campagne à la faveur de la nuit.

L'avant-garde des mameluks, qui jusque-là s'était tenue à la droite du camp retranché pour le protéger, n'avait pu prendre aucune part à cette terrible bataille, dont elle avait vu le désordre ; attaquée à son tour par des colonnes de la division Vial, ne pouvant rentrer dans le camp, où arrivaient déjà celles de la division Bon, elle ne put résister et fut précipitée dans le Nil, où un millier d'hommes se noyèrent. Dix d'entre eux seulement purent rejoindre le camp d'Ibrahim sur la droite du Nil.

« Mourad-Bey avait fourni plusieurs charges, dans l'espoir de rouvrir la communication avec son camp et de lui faciliter la retraite : toutes ces charges manquèrent ; blessé, couvert de sang, il fut obligé de se retirer lui-même, et donna le signal de la retraite par l'incendie de la flotte. Le Nil fut sur-le-champ couvert de feu. Sur ces navires étaient les richesses de l'Égypte, qui périrent au grand regret de l'armée. »

Mais bientôt la division Bon, débarrassée des ennemis qui l'entouraient, entra dans le camp à la suite de ses colonnes. Ce fut le coup de grâce pour les nombreux mameluks qui l'encombraient encore :

coupés partout, repoussés de toutes parts, « ils hé-
sitèrent, flottèrent plusieurs fois, et enfin, par un
mouvement naturel, s'appuyant sur la ligne de
moindre résistance, ils se jetèrent dans le Nil, qui
en engloutit plusieurs milliers. Aucun ne put gagner l'autre rive. Retranchements, canons, chameaux, bagages, tout tomba au pouvoir des Français. »

« De douze mille mameluks, trois mille seulement avec Mourad-Bey se retirèrent dans la haute
Égypte ; douze cents, qui étaient avec Ibrahim-Bey
sur la rive droite, firent depuis leur retraite sur la
Syrie ; sept mille périrent dans cette bataille si fatale
à cette brave milice, qui ne s'en releva jamais. Les
cadavres des mameluks portèrent en peu de jours
à Damiette, à Rosette et dans les villages de la basse
Égypte la nouvelle de la victoire de l'armée française. La perte totale de l'armée ennemie, en tués,
blessés ou noyés, fut de dix mille hommes, mameluks, Arabes, janissaires, azabs, etc., et plusieurs
notabilités du Caire. De ces dix mille hommes,
près de deux mille, tués ou blessés, étaient restés
sur le champ de bataille. » La perte de l'armée française fut de trente-cinq à quarante hommes tués,
deux cent soixante blessés grièvement (1). Le général Bonaparte, louant ses soldats de leur contenance dans cette occasion, disait que, s'ils s'étaient
abandonnés à leur ardeur ordinaire, ils n'auraient

(1) *Rapports officiels* et *Mémoires* du docteur Larrey.

pas eu la victoire, qui ne pouvait s'obtenir que par
un grand sang-froid et une grande patience. Mais
la différence si considérable entre les pertes des
deux armées tenait encore à d'autres causes. Lorsque les dispositions savantes prises pour percer le
centre des mameluks furent suspendues par la
charge impétueuse de Mourad-Bey, Napoléon im-
provisa aussitôt un nouveau plan d'attaque pour
faire échouer cette charge, en accroître le désordre, le rendre irréparable, et attaquer ensuite le
camp retranché. Dans cette situation, les feux des
mameluks lancés au galop des chevaux étaient peu
dangereux, et se perdaient dans le vide, tandis
qu'en défilant sous les baïonnettes de nos soldats
ils en recevaient à bout portant les coups les plus
meurtriers ; aucune balle n'était perdue au milieu
de cette avalanche d'hommes et de chevaux inon-
dant la terre et roulant autour des carrés. Si l'on
ajoute les feux de trente-six pièces de la meilleure
artillerie du monde, qui sillonnaient ces masses
dans tous les sens, les broyant de leurs boulets
et de leur mitraille, on concevra les pertes immen-
ses que les mameluks durent éprouver comparati-
vement aux nôtres; on concevra aussi leur stupé-
faction et leur effroi à la vue d'un tel carnage ;
mais ce qui mit le comble à leur découragement
ce furent les effets terribles des obus qui, après
s'être ouvert une route sanglante à travers les
masses les plus profondes, allaient éclater au mi-

lieu de ceux qui auraient pu se croire à l'abri de
tous les coups, et, plus terribles dans cette nouvelle œuvre de destruction, tuaient et mutilaient
alentour des masses d'hommes et de chevaux.

Mais, lorsque les mameluks eurent été dispersés,
les uns avec Mourad-Bey se dirigèrent vers la haute
Égypte. Les autres, plus nombreux, appuyèrent
sur le camp retranché pour y chercher un refuge.
Ces derniers neutralisèrent le feu de l'artillerie du
camp et les efforts qu'aurait pu faire leur infanterie pour le défendre; ils ouvrirent la route à nos
colonnes, qui ne tardèrent pas à les enserrer de
toutes parts dans un réseau de fer et de feu in-
franchissable. Or Napoléon, après n'avoir occupé
avec ses dix-huit mille hommes qu'un point dans
l'espace, puis une demi-lieue dans cette immense
plaine, en couvrait à la fin une lieue des feux
croisés de ses carrés; et avec trois de ses divisions
il cernait vingt-cinq mille hommes d'élite de l'armée ennemie, ne leur laissant d'autre chance de
salut que de se précipiter dans le Nil : huit mille
hommes, la plupart mameluks, entraînés par le
courant, ne purent atteindre l'autre rive et furent
engloutis. Ainsi s'explique la disproportion incon-
cevable au premier abord entre les pertes des
deux armées.

Ce ne fut que longtemps après que l'armée
française put connaître les pertes qu'elle avait fait
éprouver à ses ennemis; mais la population du

Caire en avait été témoin : aussi la consternation fut-elle profonde dans toutes les classes de cette grande ville. Toute résistance parut impossible, et, parmi ceux qui suivirent Mourad-Bey dans sa retraite, la terreur fut si grande que, s'étant arrêtés dans des villages à quatre lieues du champ de bataille, ils en sortirent précipitamment au milieu de la nuit sur la fausse nouvelle de l'arrivée des Français, et ne s'arrêtèrent plus qu'à Béni-Soueff, à vingt lieues des Pyramides.

Ce fut au commencement de cette bataille que Napoléon adressa à l'armée ces paroles devenues si célèbres : « Soldats, du haut de ces Pyramides quarante siècles vous contemplent ! » Les Arabes, suivant leur coutume, voyant la bataille perdue, s'éloignèrent et se dispersèrent dans les déserts.

On lit encore, dans les dictées de l'Empereur au général Bertrand, que, « si la flottille française eût pu arriver, la journée eût été plus décisive. Elle eût fait des prisonniers, elle eût sauvé des bagages. Elle avait entendu toute la journée la canonnade de la bataille. Le vent du nord qui soufflait en amortissait le bruit ; mais, le soir, comme il s'était calmé, le bruit du canon devint plus fort, le feu parut se rapprocher : les équipages crurent que la bataille était perdue. Ils ne furent détrompés que par le grand nombre de cadavres turcs et mameluks que le Nil charriait.

« Le quartier général arriva à Gisèh à neuf heures

du soir. Il n'était resté aucun esclave à la belle maison de campagne de Mourad-Bey. Rien de sa distribution intérieure ne ressemblait aux palais d'Europe. Cependant les officiers virent avec plaisir une maison bien meublée, des divans des plus belles soieries de Lyon, ornés de franges d'or ; des vestiges du luxe et des arts d'Europe. Le jardin était rempli des plus beaux arbres ; mais il n'était percé d'aucune allée. Un grand berceau couvert de vignes et chargé des plus excellents raisins fut une ressource précieuse. Le bruit s'en répandit dans l'armée, qui accourut en masse ; la vendange fut bientôt faite. Les divisions qui avaient pris le camp d'Em-Babèh étaient dans l'abondance ; elles y avaient trouvé les bagages des beys et des kachefs, des cantines pleines de confitures et de sucreries. Les tapis, les porcelaines, l'argenterie étaient en grande quantité. Pendant toute la nuit, au travers des trois cents bâtiments égyptiens en feu, se dessinaient les minarets du Caire. La lueur se réfléchissait jusque sur les parois des Pyramides. Pendant les jours qui suivirent la bataille, les soldats furent occupés à repêcher les cadavres : beaucoup avaient deux ou trois cents pièces d'or sur eux.

« A la pointe du jour, la division Vial passa dans l'île de Roudah, et mit un bataillon dans le Mékias. Les tirailleurs, ayant franchi le canal, se logèrent dans la maison de campagne d'Ibrahim-Bey. Le

Caire était fort agité : une partie des habitants pillait les maisons des beys, devenues désormais propriétés françaises ; une autre partie était vivement sollicitée par Ibrahim-Bey, qui travaillait à donner du courage et une impulsion de défense à la population ; mais les milices du Caire avaient été battues comme les mameluks à la bataille des Pyramides ; tout ce que cette ville comptait d'hommes en état de porter les armes y avait pris part. Ils étaient consternés, découragés ; les Français leur paraissaient plus que des hommes.

« Pendant les journées du 23 et du 24, tout ce que le Caire avait de distingué passa le Nil, et se rendit à Gisèh pour voir le sultan Kébir et lui faire ses soumissions. Napoléon n'oublia rien de ce qui pouvait les rassurer, leur inspirer de la confiance et des sentiments favorables. Le 25, il fit son entrée au Caire. La nouvelle de la bataille des Pyramides se répandit avec une singulière rapidité dans tous les déserts et dans toute la basse Égypte ; son résultat fut de rétablir les communications sur les derrières de l'armée avec Alexandrie et Rosette, d'ouvrir à l'armée les portes du Caire et de préparer tous les succès qui l'accompagnèrent dans la haute Égypte et dans la Syrie. »

On sera sans doute curieux de connaître la force de l'armée française, qui avait exécuté de si grandes choses. Nous donnons ci-dessous l'état de situation des expéditions qui étaient parties des différents ports de la Méditerranée :

PORTS d'embarquement.	VAISSEAUX de ligne.	FRÉGATES.	CORVETTES et Avisos.	FLUTES.	HOMMES à BORD.	CHEVAUX à bord.
Toulon.........	13	7	6	106	20,500	470
Marseille......	»	»	2	30	3,200	60
Corse	»	»	1	20	1,200	»
Gênes........	»	1	1	35	3,100	70
Civita-Vécchia..	»	1	1	41	4,300	80
	13	9	11	232	32,300	680

« L'armée de terre était composée de quinze demi-brigades d'infanterie, de sept régiments de cavalerie et de vingt-huit compagnies d'artillerie, d'ouvriers, de sapeurs, de mineurs, savoir : des 2^c, 4e, 21e, 22e demi-brigades d'infanterie légère ; des 9e, 18e, 19e, 25e, 32e, 61e, 69e, 71e, 80e, 85e, 88e demi-brigades d'infanterie de ligne, chacune de trois bataillons, chaque bataillon de neuf compagnies des 7e de hussards, 22e de chasseurs, 3e, 14$_e$, 15e 18e, 20e de dragons ; de seize compagnies d'artillerie ; de huit compagnies d'ouvriers, de sapeurs, de mineurs ; quatre compagnies du train d'artillerie. La cavalerie avait ses selles et brides, et seulement trois cents chevaux ; l'artillerie avait triple approvisionnement, beaucoup de boulets, de poudre, d'outils, un équipage de siége et tout ce qui est propre à l'armement d'une grande côte ; douze mille fusils de rechange, des équipements, des harnais pour six mille chevaux. La commission des sciences et arts avait des ouvriers, des bibliothèques, des imprimeries française et arabe, turque, grecque, et des interprètes de toutes ces langues. Infanterie, 24,300. Cavalerie, 4,000. Artillerie, 3,000. Total, 31,300. Non combattants, 1,000 ; en tout, 32,300 hommes. »

Cette expédition devait être de 37,000 hommes ; 6,000 restèrent en arrière dans les dépôts, en congé ou pour cause de maladie, la marche des troupes sur Toulon ayant été secrète et rapide. D'ailleurs on se croyait assuré de pouvoir les faire partir plus tard par un autre convoi qui s'organisait à Toulon.

« Des 31,300 combattants qui composaient l'armée, Napoléon en avait laissé à Malte, pour sa défense, 4,000 avec le général de division Vaubois. Ainsi l'armée française s'affaiblit de 4,000 hommes ; mais elle se renforça de 2,000 de la légion maltaise, ce qui réduisait l'armée à 29,300 hommes et 1,000 non combattants lors de son débarquement à Alexandrie.

« Le général Berthier était chef de l'état-major de l'armée. Le général Cafarelli du Falga commandait le génie, et avait sous ses ordres un bon nombre d'officiers les plus distingués de cette arme. Le général Dammartin commandait l'artillerie ; sous lui, les généraux Songis et Faultrier. Les généraux Desaix, Kléber, Menou, Reynier, Bon, Dugua étaient les lieutenants généraux. Parmi les généraux de brigade, on citait les généraux Murat, Lannes, Lanusse, Vial, Vaux, Rampon, Junot, Marmont, Davoust, Friant, Belliard, Leclerc, Verdier, Andréossy, etc.

« La commission des savants et des artistes qui était à la suite de l'armée était dirigée par le général Cafarelli. Il était plus propre que personne à les contenir, diriger, utiliser et à les faire concourir au but du chef. Cette commission était composée des académiciens Monge, Berthollet, Dolomieu, Denon ; des ingénieurs en chef des ponts et chaussées Lepère, Girard ; des mathématiciens Fourier, Costaz, Corancez, Malus ; des astronomes Nouet, Beauchamp et Méchain jeune ; des naturalistes Geoffroy Saint-Hilaire, Savigny ; des chimistes Descostils, Champy et Delisle ; des dessinateurs Dutertre et Redouté ; des musiciens Rigel et Villoteau ; du poëte Parseval ; des architectes Lepère, Protain, Norry ; enfin de Conté, qui était à la tête des aéronautes, homme universel, ayant le goût, la connaissance et le génie des arts, précieux dans un pays éloigné, bon à tout, capable de créer les arts de la France au milieu des déserts de l'Arabie. A la suite de cette commission étaient une vingtaine d'élèves de l'École polytechnique ou de celle des Mines, parmi lesquels se sont fait remarquer Jomard, Dubois-Aymé, Lancret, Chabrol, Rozières, Cordier, Regnault, Devilliers, Jollois, Favier, Moret, etc. »

C'est de l'ensemble des travaux de tous ces hommes distingués qu'a été formé le magnifique ouvrage de la Commission d'Égypte.

LÉGENDE

pour le plan de la bataille des Pyramides.

Position des cinq divisions françaises en marche pour percer le centre de l'armée ennemie au moment de la charge des mameluks. 1. 1. 1. 1. 1.

Position des mêmes divisions pendant que les mameluks entouraient les divisions Desaix et Reynier. 2. 2. 2. 2. 2.

Position des divisions au moment où la division Bon attaque le village d'Em-Babèh. 3. 3. 3. 3.

Position à la fin de la bataille. 4. 4. 4. 4.

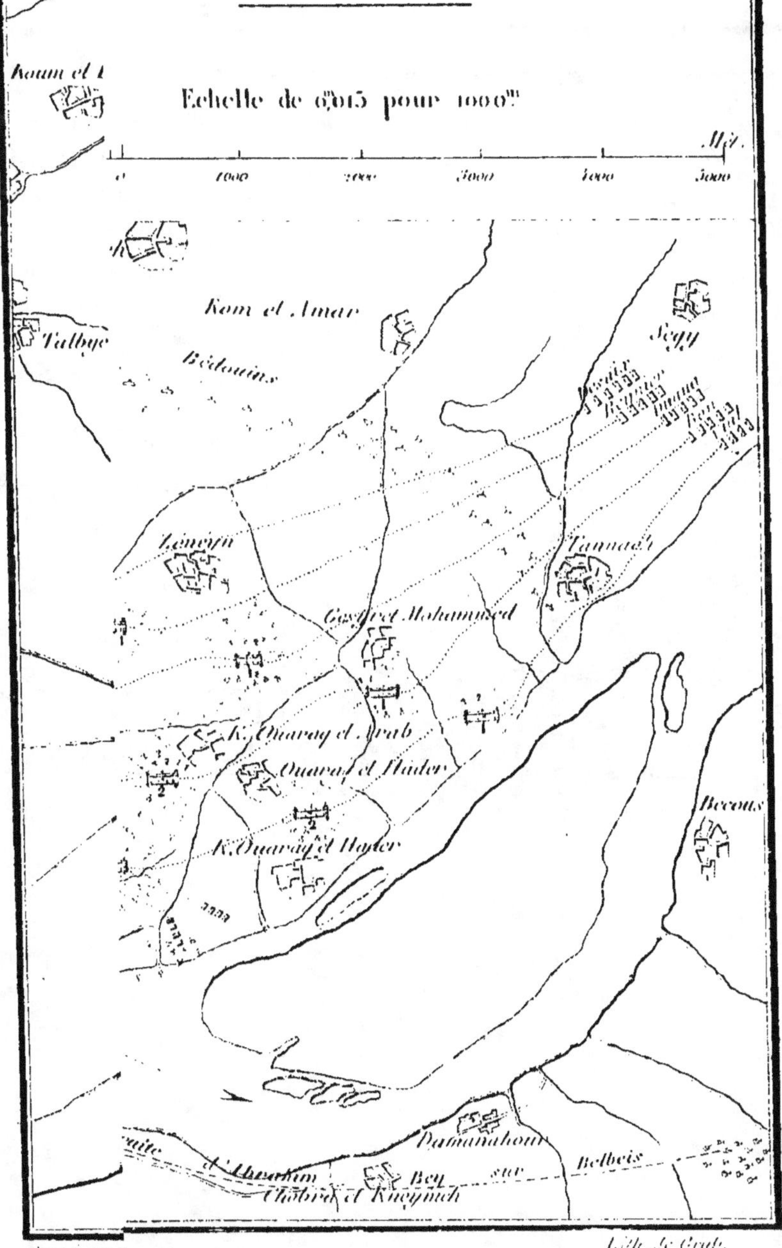

PLAN DE LA BATAILLE
DES PYRAMIDES
le 21 Juillet 1798
Echelle de 0,015 pour 1000
Mèt.
1000
2000
3000
4000
5000
Koum el I
Talbye
Kom el Amar
Bédouins
Segy
Lemeyn
Tannaah
Gesfret Mohammed
K. Ouaraq el Arab
Ouaral el Hader
Bceous
K. Ouaraq el Hader
Damanahour
Belbeis
Chobra el Kheymeh
Bey
sur
d'Ibrahim
Grave sarp
Lith. de Crute.

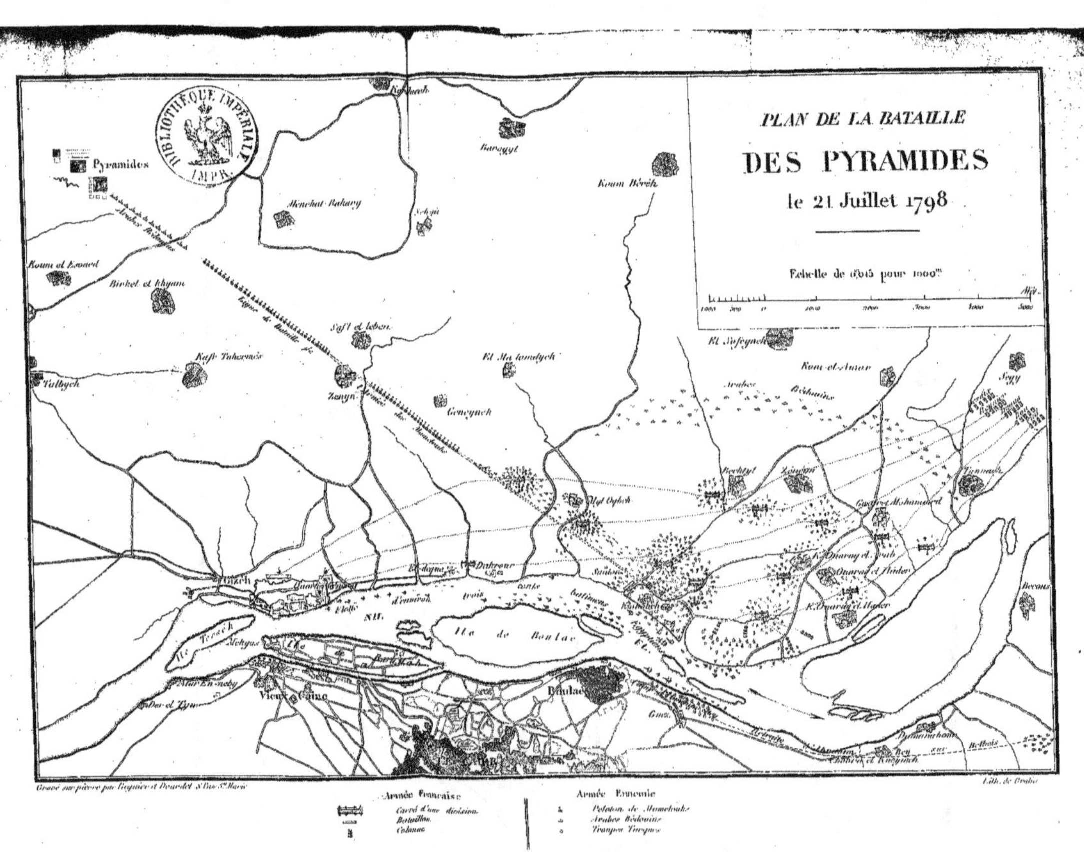

Plan de la bataille des Pyramides le 21 Juillet 1798